曙子

字法

咸豐丙辰年

曩西

PROPAGATION
des
SCIENCES EUROPÉENNES
dans
l'extrême Orient.

Étude réciproque des peuples

(*Systeme graphique*)

Transcription

ALPHABET CHINOIS PHONÉTIQUE

par

Mr. Ferdinand SCHÜTZ.

NANCY,

Grimblot & Vve Raybois Imprimeurs-Libraires

Place Stanislas 7 & rue St Dizier, 123

1866-7.

LITH L. CHRISTOPHE NANCY

PROPAGATION

DES

SCIENCES EUROPÉENNES

DANS

L'EXTRÊME ORIENT

NOUVEAU SYLLABAIRE

ET

ALPHABET CHINOIS PHONÉTIQUE

Transcription chinoise de tous les noms étrangers, et correction des traductions de la bible

Depuis des milliers d'années, trois grandes civilisations, isolées ou rivales, se partagent le monde :

Dans les immenses régions de l'extrême Orient, 400 millions d'âmes, le tiers de la population du globe, suivant les rites chinois ou la doctrine de Boudha ;

En Europe, en Amérique, sur le vaste empire des mers, 260 millions de chrétiens ;

En Europe, en Asie, en Afrique, plus de 100 millions d'hommes groupés autour des étendards de l'Islam.

Or notre siècle voit ces trois familles emportées l'une vers l'autre par une force inouïe ; l'humanité est devenue semblable à la mer primitive que l'Esprit frappa de ses ailes pour préparer des mondes nouveaux.

Où tend ce mouvement providentiel? où vont ainsi les nations et les races? Elles ne vont pas à l'uniformité absolue, résultat de l'absorption des faibles par le fort; elles vont à l'unité féconde, dominant sans la détruire la diversité infinie où se multiplieront, avec la variété des individus, les ressources et les progrès de la civilisation générale.

Pour ce glorieux avenir travaillent également la guerre et la paix, l'industrie et le commerce, la science et la foi; toutes les forces actives de notre âge; qu'elles aient ou non conscience de leur œuvre, qu'elles crient ou non : Dieu le veut!

Ainsi, nous transportons de plus en plus vite les hommes, les choses et les idées; les naturalistes discutent l'unité de l'espèce humaine, les philosophes cherchent un alphabet général; les missionnaires traduisent la bible en 180 langues; les savants font embrasser à l'histoire l'universalité des temps, ils étudient l'itinéraire de la civilisation.

Tous ces efforts ont un même principe, tous ont un même but. Les peuples veulent se connaître, le genre humain commence à avoir conscience de lui-même, à pressentir une passion plus haute et plus puissante que l'amour de la cité et de la patrie, l'*immensa orbis charitas*, le *thsîn mîn* (1), la charité universelle.

Qui pourrait comprendre cette action divine et ne pas chercher à la servir de tout son cœur, de tout son esprit et de toutes ses forces? Qui pourrait résister à la voix du Maître qui appelle avant l'aurore les ouvriers de bonne volonté, et leur dit : Préparez aux trois grandes familles humaines les premières voies de l'union, l'étude réciproque de leurs langues et de leur génie. *Voiler le verbe, c'est la gloire de Dieu, le dévoiler c'est la gloire de ses serviteurs* (2).

---

(1) *Kong tseu, tà hio, tsàï thsîn mîn*, aimer, chérir tous les peuples comme ses parents. Commentaire de *Khoung-yn-ta, Chin-San-King, Kiouan* 69, f. 4, recto.

(2) Les traducteurs ont altéré cette pensée biblique à l'exception de *Sanctés Pagninus* qui a traduit *Gloria Dei celare verbum : et gloria scrutari verbum*, et de saint Jérôme qui approche du sens dans : *gloria regum investigare sermonem.*

Luther a dit : Es ist Gottes Ehre, eine Sache verbergen; aber der Könige Ehre ist es, eine Sache erforschen.

Nous lisons dans *Holy bible translated out of the original tongues and with the former translations diligently compared and revised by his Majesty's special command* (Oxford. 1825) : *It is the glory of God to conceal a thing, but the honour of Kings is to search out a matter.*

Enfin dans les traductions chinoises nous trouvons le signe *ssé*, affaire, occupation.

Ni Sache, ni *thing*, ni *matter*, ni *ssé* ne traduisent דבר répété deux fois avec la même ponctuation, et signifiant ici *Verbum* ΛΟΓΟΣ, qu'il faudrait peut-être éviter de rendre par *Tao*, afin d'empêcher

כבד אלהים הסתר דבר מלכים חקר דבר

Soutenu par un devoir inflexible et doux à remplir, je n'ai pas craint de sonder les profondeurs d'une science nouvelle. Pendant vingt années, j'ai scruté le chaos des langues, remontant vers les origines, cherchant la loi du langage, étudiant sous toutes les formes le développement du Verbe au sein de l'humanité.

J'ai reconnu les faits suivants :

1° Sous la *diversité* infinie et nécessaire des formes linguales et graphiques, il existe une primordiale *unité*, immuable et nécessaire, comme l'identité de la nature humaine.

2° Déterminer le rapport de l'unité radicale avec les variétés, c'est élever la simplification de l'étude des langues jusqu'à l'intelligence directe et souvent instantanée des signes verbaux et graphiques.

Toute langue est une numération générale ayant sa règle nécessaire, règle que ses créateurs ont suivie, même à leur insçu. L'étude des langues est difficile ; elle donne des résultats incomplets, parce qu'on ignore cette règle, parce qu'on est obligé d'apprendre et de retenir directement chacun des éléments de la parole et de l'écriture, sans comprendre ses rapports avec les autres éléments d'un même idiome, ou moins encore ses rapports

toute confusion avec le culte dégénéré des *Tao sse*. Le terme qui répond le mieux à l'idée du Verbe divin est le *Ming tĕ* de *Fohi*, d'*Yao* et de *Kong Tseu*.

avec des langues d'une autre époque, d'une autre famille. Ainsi, la règle de notre numération n'étant pas connue, il faudrait consacrer un temps considérable à l'étude directe de chaque groupe de chiffres; tandis que, cette règle étant déterminée, il suffit de retenir neuf caractères pour lire immédiatement tous les nombres imaginables et pour comprendre tous les systèmes numériques d'une base quelconque.

Mais, en même temps qu'elle facilite de plus en plus les relations des peuples et établit entre eux une sorte d'unité, l'anatomie comparée des langues sert à conserver dans leur forme originale tous les idiomes nationaux.

Chaque dialecte devient une évocation constante du génie des ancêtres; chaque mot porte l'empreinte des gloires et des douleurs passées. Là, comme dans une source vive, l'âme des peuples ira se retremper, se disposer à mieux remplir sa part de l'œuvre universelle.

Le mémoire que j'ai publié l'an dernier avait pour unique objet de poser d'une manière claire et complète le problème dont les sciences philologiques poursuivent la solution. (V. p. 7. Simplification de l'étude des langues etc., *Mémoires de l'Académie de Stanislas, 1855.*)

J'ai fait une courte histoire de ces sciences; j'ai dit quelques mots de leur avenir, en signalant des applications faciles de l'anatomie comparée des sons et des lettres (*logotomie et graphonomie*).

Depuis, j'ai cherché à réaliser les simplifications nombreuses qu'il est possible d'apporter à l'étude des langues orientales et occidentales (spécialement à celle du français et de l'anglais), à la lecture du chinois, au maniement du dictionnaire de cette langue, à l'analyse de ses formes graphiques amenant à l'intelligence instantanée de la plupart des caractères, et les ouvrages qui traitent de ces questions spéciales paraîtront successivement dans le format qu'elles exigent.

Je vais traiter exclusivement ici l'importante question de la transcription chinoise des noms étrangers hindous, sémitiques et occidentaux. Je dirai quel est actuellement l'état imparfait de cette transcription, j'indiquerai les moyens de la rectifier.

M'élevant ensuite à une considération plus haute, j'examinerai si la graphonomie comparée ne nous donnerait pas le pouvoir de hâter en Orient le développement régulier des signes de la pensée, et de *faire passer les Chinois de l'écriture hiéroglyphique actuelle à un alphabet phonétique* tiré tout entier et sans altération de leurs caractères nationaux, mais d'une facilité graphique égale à celle des alphabets les plus simples, tels que l'alphabet romain ou l'alphabet Wougui des Célèbes.

Enfin je donnerai un syllabaire et un alphabet chinois ayant en regard les équivalents hindous, arabes, français et anglais.

J'y ajouterai en chinois moderne une explication indiquant le but, l'utilité de ces tableaux graphiques et la manière de les employer.

Je suis obligé d'indiquer d'abord en quelques mots

les principales différences qui existent entre le génie européen et le génie asiatique. Je ne descendrai pas dans les profondeurs de l'analyse intime des pensées : j'indiquerai un petit nombre de faits dont la connaissance est nécessaire à l'appréciation des moyens que je propose.

Comment en effet apprécier une amélioration, une conciliation des formes graphiques du Monde oriental, sans avoir une idée élémentaire de la nature diverse des signes de la pensée et des impressions nécessairement bien différentes qu'ils produisent sur les esprits ?

Il s'agit de rattacher à l'écriture phonétique des nations viriles de l'occident, les deux extrémités de la longue chaine des signes : l'hiéroglyphe des tribus sémites primitives et l'idéographie poétique et philosophique des vieilles nations du céleste empire.

Afin de me faire comprendre en ces matières nouvelles et délicates, afin de pouvoir descendre à chaque pas de la théorie dans le domaine des faits matériels, je prendrai pour terme de comparaison une œuvre dans laquelle l'européen, le chinois et le sémite se rencontrent dans l'expression d'une même pensée, dans la transcription *phonétique* des mêmes noms. Cette inscription en plus de 200 langues ou dialectes, cette mesure commune des forces respectives des trois grandes familles humaines, c'est la *Bible*. Aucun autre livre ne réunit des conditions aussi favorables à une étude comparative (1).

---

(1) Les Musulmans ne traduisent pas le *Koran*.

Mettons en présence d'un texte sémitique l'homme d'Occident et l'homme de l'extrême Orient.

Pour l'européen, pour celui surtout qui parle des langues hybrides, le mot a cessé depuis longtemps d'être un cri de l'âme, ou un tableau synthétique, pour devenir un signe conventionnel (en apparence) d'une idée, une sorte de formule algébrique, servant tour à tour à représenter, sous le reflet des conceptions individuelles, les nuances infinies de pensée et de sentiment qui défieraient les efforts des écritures philosophiques les plus ingénieuses.

Il y a sans doute en cette puissance un des éléments de la perfection future du langage ; mais c'est une force qui doit être limitée par le souvenir des origines et des acceptions rigoureuses. Autrement, l'habitude d'apprendre les mots avant les idées qu'ils représentent, remplirait longtemps encore le discours de cette quantité de vains sons, dont se plaignait Leibnitz. Quand une phrase ne traduit pas une pensée bien arrêtée, bien distincte dans l'esprit de celui qui la prononce, elle peut souvent paraître claire aux auditeurs, parce que chacun d'eux y voit son interprétation, c'est-à-dire, son idée à lui.

Un abus semblable est impossible dans ces langues anciennes, où les dérivés nombreux sortent suivant des lois régulières d'une racine unique dont le sens est parfaitement déterminé.

Aussi, rien qu'en se préparant à son œuvre, rien qu'en faisant ce qu'on appelle la construction, le traducteur européen a interverti l'ordre naturel de la pensée originale, il a détruit les tableaux poétiques, il a ôté aux antithèses et aux parallèles leur profondeur philosophique. Quand il arrive aux mots, quel embarras ! Pour traduire un mot sémitique, où, malgré sa brièveté, se trouvent représentés à la fois, le genre, l'espèce, l'attribut caractéristique et la relation de l'objet, c'est-à-dire, souvent à la fois la définition, le tableau et l'onomatopée, la langue occidentale n'a pour l'ordinaire qu'un terme vague, équivalent à la partie déterminative du groupe oriental, c'est-à-dire, à peine un tiers de l'idée.

Où trouver des mots pour traduire sans périphrase les 80 noms arabes du miel, les 500 figures du glaive, les 5000 du lion, du chameau et du serpent, les 4000 du malheur ?

Pour l'hébreu les difficultés ne sont pas moindres ; car ces difficultés ne sont pas en raison directe du nombre total des mots : elles sont essentiellement relatives. Quand un peuple a considéré longtemps une chose sous toutes les faces, il a des termes nombreux pour la représenter, et ces termes n'ont pas d'équivalents dans une langue infiniment plus riche d'ailleurs, mais parlée par un peuple qui a un autre génie, une autre vie, d'autres passions.

Ainsi l'hébreu, malgré sa pauvreté apparente, possède des noms spéciaux et dignes d'étude que nous ne pouvons traduire sans de longues périphrases, telles que : Ἐγὼ τὸ Α καὶ Ω, πρῶτος καὶ ἔσχατος, ὁ ὢν ὁ ἦν καὶ ὁ ἐρχόμενος, pour dire יהוה Jéhovah.

Croyons-nous traduire cette définition, par l'*Eternel?*

Le seul mot *homme* peut-il représenter ces noms si différents : אדם, איש, אנוש, גבר?

Le mot *terre* éveillera-t-il en nous les idées figurées par אֲרַצ, אי, אדמה, אֶרֶץ, ארק, תבל, sans parler des deux noms égyptiens אשיש et אתור Isis et Athor.

Aussi, toute traduction occidentale d'un vieux texte sémitique est nécessairement incomplète et altérée par le reflet inévitable d'idées plus récentes. Le vague des termes ouvre un champ sans bornes à la liberté d'interprétation.

Le traducteur chinois n'éprouve pas le même embarras : sa langue maternelle a pour toutes les idées des termes nombreux et précis.

Je ne parlerai pas des belles définitions de Dieu et de l'humanité que le Chinois peut renfermer dans un terme monosyllabique, dans un seul groupe de caractères.

Je citerai seulement quelques-uns des noms de la terre.

Tôu, la terre considérée comme un des cinq éléments, ainsi que l'enseigne le *Tri* littéral dans un quatrain que l'on pourrait traduire ainsi : hydrogène, oxygène, carbone, élément métallique ou électrique, élément tellurique sont les agents et les bases de tous les corps et *par la vertu des nombres* (*) *hôu sôu.*

Ty, le globe terraqué, la terre en général et au figuré, analogue d'ארצ. Γῆ, Ἔδαφος, χθών.

Jàng, terre molle, pays, *terre rouge*, d'אדמה, χώρα

et dont le composé *Jang-tse*, fils de la terre rouge, analogue d'אדם, se prend toujours en bonne part.

Yoüen, exacte traduction de הבל, terre unie et habitable; οἰκουμένη, Ἀγρὸς, Ἄρουρα.

Ng'áo, terre ferme, terre près du rivage Ξερὰ, Ἤπειρος est un des analogues d'אי, qui se peut traduire aussi par *fŏ* ou *tò*, terre qui s'élève au-dessus des eaux. *Hàn*, *lan* terre inégale, *loû* terre noire et dure.

Aux différents noms que les Sémites donnent à la terre déserte, les Chinois peuvent opposer :

Ting, terre déserte et inculte. *Koüang* vaste solitude.

Kiông terre déserte, *Tiao*, Ερημος, éloignée des villes.

Yĕ et *Yé*, forêt déserte. *Nao*, *Toüan*, terre inculte et abandonnée auprès des habitations, représentée par cinq caractères; χέρρος, χέρσος.

Lòu terre déserte, rendue stérile, par l'excès du sel, *Saltz thon*, sel gemme, etc.

Kiaó, terre inégale et stérile, comme les déserts de l'Arabie pétrée (quatre caractères).

Tous ces termes sont opposés à *Jàng* et à *Nie*, *Nie* terre d'alluvion, *terre noire* (nigra arena) pareille à celle qui fit donner au Nil les noms de שחר et de μέλας.

Ce n'est pas le seul rapprochement auquel cette classe de mots donne lieu : les termes sacerdotaux *tang*, *tchang* et *chin* rappellent les hauts lieux des Sémites, l'*ara* et l'*area* des Latins.

Enfin il existe en chinois un terme magnifique dont je ne connais d'équivalent en aucune langue, c'est *Tang* et *kouèn, kièn kouen,* la terre considérée comme planète dans son rapport avec les autres corps célestes, avec les lois astronomiques; et prise au figuré comme un symbole de l'obéissance parfaite.

Si nous passons de l'ordre matériel à l'ordre intellectuel et moral, la richesse de la langue chinoise est plus évidente encore. Les philosophes n'ont laissé aucun devoir sans définition ; une psychologie subtile a représenté, par des images exactes, poétiques et populaires, toutes les nuances du sentiment. Les occidentaux sont obligés de se contenter d'une traduction approximative, vague et générale ou de se perdre en d'interminables périphrases quand ils veulent reproduire les caractères rangés sous la clef 忄, déterminatif de la vie du cœur.

Quant aux idées religieuses, deux vocabulaires sont à la disposition des Européens; dans chacun d'eux on trouve abondamment de quoi traduire toutes les théologies de la terre.

Le premier de ces vocabulaires est celui de la religion des classes inférieures, du boudhisme dégénéré, polythéisme grossier qui n'a plus rien de commun avec les dogmes épurés de *Çakya Mouni,* et qui nous montre l'innombrable hiérarchie du panthéon hindou et celle des esprits élémentaires du *taò* se pressant autour de *Kouan yu* dieu de la guerre et de la Vierge *Kouan yn* (1).

(1) Analogue au das Ewig-Weibliche de Goethe. *Kouan yn,*

Le second vocabulaire est celui de l'antique religion nationale qui domine encore aujourd'hui.

Ses dogmes, d'une simplicité extrême, peuvent, en 1857 comme au siècle d'Yao, se réduire à ces deux articles de foi : Il y a un Dieu suprême, l'âme est immortelle (1).

Tout son culte consiste en des hommages domestiques rendus à la mémoire des ancêtres, en des honneurs publics décernés aux plus illustres bienfaiteurs de la nation pendant les 24 fêtes de la patrie, de l'agriculture, de la valeur guerrière et de la bonne administration, tandis que chaque commune honore son patron, choisi parmi les sept sages, les hommes utiles, les vierges et les veuves célèbres par leurs vertus.

C'était exclusivement dans les écrits des philosophes attachés à cette doctrine que les missionnaires de Pékin retrouvaient des traces de la révélation primitive, quand ils signalaient, dans les livres antérieurs à Yao et au King, dans Tchouan-tsée, dans Li-tsée, dans le Fong-sou-tong, des termes applicables aux idées chrétiennes, telles que :

Kai pi, création ;

Ki pên, principe de soi-même, cause première, être

---

déesse de la bonté, est très-célèbre à la Chine ; sa naissance et son assomption donnent lieu à des fêtes d'une magnificence inouie.

(1) Suivant les renseignements récemment donnés par le lettré Yan-Yé.

nécessaire ; définition comparable pour l'énergie aux plus belles définitions sémitiques ;

Tien ming, providence, *Ky*, le souffle primigène.

Ils auraient encore pu remarquer *chù*, aimer son prochain comme soi-même (*alios sicut se ipsum tractare*), charité, miséricorde, patience, pardon des injures (*patienter ferre*) ;

Jin, amour de l'humanité, charité dans le sens le plus élevé, signe que le R. P. Medhurst a heureusement employé à la traduction de cette parole de saint Jean : Dieu est amour.

Mais lorsque les missionnaires chrétiens n'eurent plus le loisir d'étudier, de vivre à la cour, dans la société des lettrés, au milieu des archives et des bibliothèques impériales, leur style devint de plus en plus conforme à celui des classes inférieures. Un grand nombre de termes idolâtriques se glissèrent dans les traductions ; on eut recours à des phonétismes vides, à des néologismes ridicules (1) : par exemple on appela la croix *chi kia tseu* ou caractère 10, parceque le chiffre chinois qui désigne ce nombre a la figure de notre signe algébrique +.

On donna à l'Etre suprême le nom de *Tien-tchou*, *maître du ciel*, ne songeant qu'à le distinguer du ciel matériel et sans penser que ce nom était loin d'indiquer suffisamment la supériorité absolue de Dieu sur les *ty*,

(1) Qu'un long usage a peut-être consacrés.

les *chin*, les *mé*, les *ching* et les *koucy*, anges, esprits, génies, saints et démons.

On semblait, par une locution polythéiste, placer le maître du ciel à côté des dieux élémentaires, du maître des vents, du maître de la pluie, du maître des eaux, de la foudre, etc. On oublia qu'*Yo-ti* et le *ty hoâng* des *tao ssé* s'appelle aussi le Roi du Ciel. Enfin ce nom *Tien tchou* est celui que les boudhistes donnent au 33me ciel, élevé suivant leur doctrine au-dessus de tous les autres.

On composa le nom du Saint-Esprit, du terme général *chinn* (1), esprit ou génie d'ordre supérieur, et de *ching* (2), qui ne peut s'appliquer qu'à une créature humaine parvenue avec effort au dernier degré de la science et de la vertu.

Les remarques du P. Visdelou et d'Abel de Rémusat au sujet de cette locution vicieuse peuvent être confirmées par cette observation que le caractère 示 paraît surtout désigner les âmes des ancêtres, ainsi que le prouvent les nombreuses figures rangées sous ce déterminatif; telles que : *Yo, chy, tchu, foù, tsou, tiao, tsy, tàn, ny.*

Quelquefois aussi le traducteur est trompé par la ressemblance du terme : il donne à Satan le nom de *Mo;*

---

(1) Esprit, génie; matière subtile, homme supérieur, roi, force active de la matière.

(2) *Ching*, le saint, l'homme parvenu à la perfection morale et par elle à la science, le saint devenu intercesseur, messager entre le ciel et la terre.

il désigne le dragon de Saint-Jean par le caractère *loûng*, tandis que, loin d'être une puissance infernale, le dragon de l'extrême Orient, l'ancien dragon scythique est l'emblème de la nature vivante, le chef des animaux, dont il réunit toutes les puissances. C'est un génie bienfaisant, un agatho-démon gardant l'ordre des saisons ; sa rencontre annonce au roi l'heureuse découverte d'un sage ministre ; des dragons apparurent sur le toit paternel de Kong-fou-tseu au jour où naquit ce grand homme ; des dragons enlèvent au ciel les âmes triomphantes ; les ministres chargés par Fo-hi de veiller au bien-être matériel des peuples reçurent le nom de dragon comme un titre d'honneur équivalent à celui d'inspecteur, de gardien ; l'Empereur, le fils du ciel, porte l'image du dragon comme insigne de sa dignité (1), et la cour impériale est quelquefois appelée le séjour des dragons. Enfin les adjectifs qui ont le caractère dragon pour déterminatif ont tous un sens favorable : *Kong,* bon, sincère, fidèle, vrai, diligent ; ailleurs *tchong*, grâce, bienfait, amitié, affection, faveur des princes. Mais je ne ferai pas l'examen de ces inexactitudes plus ou moins graves.

Il est évident que toutes les imperfections disparaîtront à mesure que l'Orient et l'Occident feront des progrès dans la connaissance réciproque de leur génie, qu'elles

(1) *Long-pao* (ou *pao-tse*), robe ornée d'un dragon, est non-seulement le nom de la robe royale, mais le signe déterminatif de tous les vêtements de l'Empereur.

cesseront complétement par la facilité d'analyser les caractères, par l'habitude de pénétrer souvent du premier coup-d'œil au fond de la pensée dont ils nous offrent l'image ou le symbole. Alors seulement on comprendra l'axiôme *populum lingua facit*. L'Européen sera obligé, pour bien traduire, de réfléchir profondément sur la pensée occidentale, de choisir entre les termes nombreux que les langues de l'Asie lui offriront. Les Orientaux de leur côté prendront, en traduisant nos livres, des habitudes de liberté d'interprétation ; ils seront obligés de créer des expressions nouvelles aussi énergiques, aussi gracieuses que celles de l'antiquité. — Là encore chercheront à s'unir l'individuel et le général, le mobile et l'immuable.

Sans avoir eu le loisir de créer une théorie scientifique et communicable des principes de la composition des caractères chinois, plusieurs traducteurs ont acquis, par un long séjour en Orient et par l'étude des bons auteurs, un sentiment exact de la valeur des synonymes chinois, et nous leur devons une version des livres saints qui ne le cède en fidélité à aucune des plus estimées de l'Occident.

Il est donc prouvé, par cette démonstration et surtout par des faits, que tous les ouvrages religieux et philosophiques de l'Europe et de l'Asie deviendront facilement accessibles aux peuples de l'extrême Orient.

En est-il de même pour les livres consacrés aux sciences ?

Je montrerai, dans un traité spécial, quel parti l'on peut

tirer de la constitution de la langue arabe et de la nature des caractères chinois, dans l'enseignement de la chimie, en rédigeant des nomenclatures dont tous les termes seront des définitions rigoureuses et se prêtant à une sorte de calcul.

Mais il y a plusieurs sciences européennes qui possèdent des nomenclatures très-étendues dont les noms sont pour la plupart insignifiants : l'*histoire proprement dite*, l'*histoire naturelle*, la *chronologie*, la *géographie physique* et surtout la *géographie politique*, consistent en grande partie dans une foule de mots qui tous ont perdu depuis longtemps leur sens primitif.

Or, il est important que les noms européens et asiatiques passent dans la langue chinoise, sans y porter le désordre, sans devenir méconnaissables, sans perdre la propriété d'être ramenés à leur forme originale.

Le problème est difficile à résoudre ; voyons cependant s'il est insoluble.

TRANSCRIPTION CHINOISE DES NOMS ÉTRANGERS.

Tout le monde sait que, dans les écritures hiéroglyphiques telles que l'écriture chinoise, on représente directement les choses et les idées au lieu de représenter les sons.

Tous les noms propres étaient significatifs dans l'origine ; on peut s'en convaincre en lisant le *Pe Kia Sing* (*centum familiarum cognomina*), liste des cent noms des tribus du peuple d'*Yao. p. Ko.* (Miss. t. I, p. 200). Il n'y a pas un nom qui n'ait exactement la valeur du signe.

Le caractère hiéroglyphique suffisait à la représentation du nom propre chinois ; mais, quand on fut obligé d'écrire des noms étrangers qui n'avaient pas de sens dans la langue nationale, la difficulté parut grande. On ne trouva que deux moyens de l'éluder : 1° donner une signification au mot nouveau et la traduire sans s'inquiéter du son ; 2° écrire les sons en négligeant absolument la signification.

On chercha d'abord à donner aux noms étrangers un équivalent chinois, on appela les Anglais, *cheveux roux*, et les Américains, *pavillon fleuri* (1).

Comme ce système avait l'inconvénient grave de surcharger le vocabulaire d'un nombre prodigieux de caractères nouveaux (le Boudhisme seul en avait introduit 26,000), les Chinois recoururent au moyen que les Egyptiens avaient employé dans des circonstances semblables : ils se résignèrent à représenter les sons en

(1) Every new article that as found its way in China, since its discovery to Europeans, has acquired a chinese name, and entirely sunk that which is borne by the nation who introduces it. The proper names, even of countries, nations, individuals, are changed, and assume new ones in their language. Thus Europe is called *See Yang*, the western country. The English are dignified the name of *Hung mow*, or red heads ; and the French, Spanish, Portuguese, and all others who visit China, have each a name in the language in the country, wholly distinct from that they bear in Europe. (Barrow, John Sinclair.)

négligeant complétement la signification. Une ligne verticale servant au même usage que le cartouche égyptien, avertit que le signe, perdant sa valeur figurative, ne conserve que sa valeur phonétique.

Mais ici, nouvel obstacle. Chacun des caractères chinois employés phonétiquement représente un monosyllabe, on ne peut tirer de la masse énorme des signes qu'un syllabaire insuffisant à la reproduction des noms étrangers, car la *langue chinoise manque des sons B, G dur, D, R, Z.* Il est rare qu'on puisse se servir de ce syllabaire sans altérer les noms, soit par l'adjonction d'une voyelle inutile, comme dans *fa-lân-sai. Ki li ssé tou;* soit par la suppression d'un des éléments phonétiques du texte étranger, quand on se contente d'une valeur approximative.

Aussi, n'est-il pas aisé de reconnaître dans *Ya-tann, Ya-pé, Chèn, Kin, Ya-fo,* les noms sémitiques אדם, קין, אבל, שם, חם, יפת. Adam, Caïn, Abel, Sem, Hâm ou Cham, Iafit ou Japheth. Mais ce n'est pas l'inconvénient le plus grave de ces transcriptions imparfaites.

Comme la plupart des noms ont perdu depuis longtemps leur valeur significative chez les peuples qui parlent des langues dérivées; comme cette valeur a peu d'importance dans les récits historiques, on a pris surtout en Occident l'habitude de ne pas traduire, de ne pas expliquer les noms propres même dans les livres où ils sont presque tout.

Cette habitude est la cause première de l'obscurité

profonde et du reflet fantastique et grotesque répandu si longtemps sur les mystères et les allégories des religions de l'antiquité. C'est en perdant leur sens réel et profond que tous les noms primitifs des attributs divins, des facultés de l'âme, des pouvoirs et des phases de la vie sociale, sont devenus des mots vides de sens, représentant des individus dont l'existence a perdu tout caractère de réalité historique et de possibilité. — Il suffit d'indiquer rigoureusement le sens littéral de chacun de ces noms pour transformer la fable absurde en théorie philosophique, théogonique ou sociale de la plus haute portée. C'est ainsi que, dans les monuments antérieurs à l'invention de l'écriture, se retrouve cette primitive religion des titans qui régna sur des contrées immenses avant d'être absorbée par les développements variés du polythéisme.

Cette distinction constante d'une langue sacerdotale et d'une langue vulgaire, d'une langue des dieux et d'une langue des hommes, est un fait universel, attesté également par Moyse, par Homère, par le Zohar des rabbins, par le Cratyle de Platon.

Dans la bible surtout la signification des noms est de la plus haute importance. Origènes, reproduisant en cela l'opinion de tous les pères, affirme, dans son écrit contre Celse, qu'il y a dans quelques noms sacrés une admirable puissance, qu'il ne faut pas les transcrire, mais conserver avec soin leur forme graphique originale, sans laquelle ils perdent ce qu'ils ont de vivant et d'instructif.

In quibusdam sacris nominibus mirandam latere virtutem, ideòque ipsa non esse hebreâ linguâ in aliam transferenda, sed in suis ipsis caracteribus conservanda, forte enim quem ad modum in corpore certâ ratione composito vita permanet, quo vel aliter composito, vel permutato non permanet, sic vitalem quamdam putant divinis nominibus certo divinitùs modo compositis inesse virtutem.

Hanc sapientiam hominum divinorum hebræi tanti fecerunt ut eam non modò scientiis omnibus verum etiam legi scriptæ prætulerint.

La science peut aujourd'hui démontrer par des faits ce que la tradition ne pouvait qu'affirmer : chaque groupe de caractères hébraïques est hiéroglyphique ; il offre une peinture, une allégorie poétique, une exacte définition. C'est pourquoi les auteurs sacrés, bien que parlant à un peuple qui comprend le sens de chacun de ces noms, les expliquent très-souvent avec le plus grand soin, en vue de l'avenir.

Or, quand Moyse ou les prophètes expliquent ainsi un nom, il n'y a pas, dans la traduction européenne, une contradiction possible entre le terme expliqué et l'explication, parce que le nom est tout simplement un son qui n'éveille aucune idée ; mais en chinois, il n'en est pas ainsi : quand un caractère employé phonétiquement offre une image qui est en contradiction flagrante avec celle de l'explication donnée plus bas, il en résulte une impression pénible. Ainsi le caractère *li*, qui signifie trouble, douleur, agitation, ne devrait pas figurer dans la translation de Salomon, qui veut dire pacifique, paisible, heureux dans la paix.

Les signes *Mo-si* n'ont aucun rapport avec leur explication : car je l'ai sauvé des eaux.

L'anatomie comparée du chinois et de l'hébreu serait un moyen d'éviter cet inconvénient.

Car, il existe en chinois un assez grand nombre de mots qui ont exactement le même son et la même signification que les mots hébreux.

Il faut tirer parti de cette circonstance pour donner à la fois la transcription et la traduction. Ainsi au lieu de traduire Jéhovah par (*Yé-ho-hoa*), (ou *wa*) trois caractères qui veulent dire : *père, concorde, abondance de fleurs*, on peut approcher par plusieurs combinaisons du sens véritable du nom sacré.

Au lieu de représenter Satan par deux caractères qui veulent dire : *frapper avec le dessus de la main et cependant*, c'est-à-dire, qui ne signifient rien, on peut l'appeler *Sa tan*, rude obstacle, grand ennemi, définition identique avec le nom chaldéen שטן et l'arabe *scheitan*.

On peut aussi traduire exactement בל, par division ; אדם, par chef fils de la terre, *terrenus*, ou, si l'on veut, *rubens, rufus* ; שלמה, par pacifique, *pace gaudens*. (*Voyez la planche I à la fin de ce mémoire, en tête du texte chinois.*)

MOYEN DE FAIRE PASSER LES CHINOIS DE L'ALPHABET HIÉROGLYPHIQUE A L'ALPHABET PHONÉTIQUE.

Pour les cas où cette transcription parfaite est impossible et pour la translation de la masse énorme des noms historiques et scientifiques dont la signification est perdue ou devenue inexacte par l'acception nouvelle, restent les difficultés signalées plus haut.

En présence de ces difficultés appliquons au problème les lois de la *Graphonomie comparée*, telles que nous les a révélées l'histoire de l'écriture.

Rappelons-nous ce principe énoncé dans un précédent écrit.

I.

Tous les alphabets ont été des syllabaires.

II.

Tous les syllabaires ont été extraits d'un recueil volumineux d'hiéroglyphes compliqués.

III.

Tous les syllabaires ont passé de l'état syllabaire à l'état phonétique analytique par l'application de procédés graphiques tombés en désuétude à mesure que l'habitude les rendait inutiles.

Entre les alphabets-syllabaires dans lesquels cette transition a laissé des traces évidentes, est l'*alphabet sanscrit*, et surtout les nombreux systèmes de transcription à l'aide desquels les peuples qui ont reçu leur civilisation de la Chine ont représenté par des caractères chinois les sons de leur idiôme national ou de leur langue sacrée, comme j'essaie de le faire pour les langues sémitiques et européennes. Tels sont le *ghin boun* coréen, un des plus riches syllabaires du monde, les écritures des *Khi tans* ou *Liao,* des *Iu-tchi* ou *Kin*, le *Kata Kana* japonais de *Kibi,* les 3 *fira Kana* de *Kô bô daï si,* de *Go miuo,* de *Ziak so,* tous composés de signes dérivés des caractères chinois, et sur le modèle de l'alphabet sanscrit, le *Man-yô-Kana* du *Man yo zio* de *Tatsibana-no Moroye* composé de caractères chinois peu altérés; enfin le *Yamato Kana,* l'écriture japonaise par excellence. Dans toutes ces formes, nous retrouvons les signes accessoires qui font passer le syllabaire à la forme alphabétique. Commençons par le sanscrit.

Dans cette langue, chaque consonne porte l'*a* bref avec elle, non pas comme dans les autres alphabets par la nécessité d'unir une voyelle à la consonne pour produire un son, mais parce que chaque caractère représente exactement l'union de l'*a* et d'une consonne, et qu'il doit se prononcer ainsi quand il n'est pas suivi d'une voyelle devant laquelle l'*a* s'élide.

Cependant il arrive quelquefois à la consonne d'être muette, de ne pas porter l'*a* bref avec elle et de terminer la syllabe; alors on ajoute à son pied le signe ^ . Par exemple *mahat* se lirait sans ce signe *mahata.*

Dans le *ghin boun* coréen, nous trouvons entre le *s* et

dz) un signe qui se joint aux voyelles quand elles forment une syllabe à part. Dans le *Katà Kana,* le premier syllabaire japonais, nous rencontrons un signe qui est une sorte d'*n* final, les deux points : qui adoucissent la prononciation, le signe ° qui la rend dure.

De tous les syllabaires le plus intéressant à étudier au point de vue de la recherche actuelle de la transcription chinoise des noms occidentaux, c'est le syllabaire *Man yô Kana,* car il est composé de caractères chinois entiers qui conservent à la partie phonétique et à la partie idéographique des textes l'unité d'aspect; et puis les Japonais ont eu comme nous à représenter des sons qui n'existent pas dans la langue chinoise tels que *ra, re, ri, ro, rou.* Sur les 47 figures du *Man yô Kana,* plusieurs ont en chinois et en japonais, et malgré la différence des langues, une valeur phonétique identique ou voisine. C'est sans doute ce qui a déterminé les savants Japonais à choisir ces caractères, c'est ce qui les recommande au choix des transcripteurs européens; car il y aurait un immense avantage à employer des signes déjà connus en Orient depuis le IIIe siècle, et à rendre les mêmes translations accessibles aux Chinois et aux Japonais. Les traducteurs de la bible ont apprécié cette circonstance, et, dans la dernière version chinoise des saintes écritures, on remarque l'emploi de plusieurs de ces caractères tels que *nou, fa, you,* etc., dont la valeur phonétique est la même à la Chine et au Japon. Par malheur l'adoption pure et simple du *Man yô Kana* n'est pas possible, ainsi qu'on peut le voir en comparant la prononciation chinoise et la prononciation japonaise des quarante-sept caractères chinois du *Man yô Kana* et des onze qui leur sont substitués dans le *Yamato Kana;* on trouve que les caractères *y, fa, you, nou, mo* (pour *mao*), *wa* et *ka* ont seuls des noms identiques.

Des sons tels que *kou* et *ko*, *ke* et *ky*, *mey* et *mi*, *nay* et *no*, *nay* et *na*, *to* et *ta*, bien que très-analogues ne peuvent être employés indifféremment dans des transcriptions exactes.

Il en est de même de *pi* et de *pou*, qui ne peuvent remplacer *fi* et *fou*.

Puis comme le son japonais R manque au chinois, on a représenté les sons japonais *ra, re, ri, ro, rou,* par *liang, ly, lou* (ou *lù*) et *lieou*.

Dans tout le reste il n'y a pas d'analogie, les sons japonais *a, o, ou, fe, me, mi, mou, sa, se, si, tsou,* etc., sont représentés par des caractères chinois dont la prononciation chinoise est entièrement différente. Les traducteurs occidentaux ont donc été obligés de se créer des syllabaires. — Le principal, le dernier syllabaire chinois composé par les Européens pour la transcription des noms bibliques est tout à fait insuffisant : il ne donne qu'une approximation qui rend souvent le mot hébreu méconnaissable ; il représente *a* par *yà* et n'a que le caractère *eul* pour rendre les sons sémitiques et occidentaux si fréquemment employés *al, el, il, ol, oul, ar, er, ir, or, our*, etc.

Il ne faut pas être surpris de ces lacunes : les langues de la haute antiquité possèdent un plus grand nombre de sons que les langues dérivées, l'accent des sensations y est plus vif, les onomatopées plus nombreuses, plus fidèles, plus sonores ; mais tout ce langage de cris, expression naïve et puissante de la vie primitive, a échappé jusqu'à présent au pouvoir de l'écriture. Il faut bien du temps à l'analyse pour dégager de la masse des sons le petit nombre des éléments premiers du langage, pour aller du syllabaire à l'alphabet en se débarrassant de l'attirail d'accents, de points et d'esprits qui ont aidé à franchir ce pas difficile. Je montrerai dans un traité spécial comment on peut transcrire sans confusion le chinois en lettres romaines ; il s'agit ici de la transcription chinoise des noms étrangers. — La liste des sons chinois est très-considérable, et cependant elle se réduit par l'analyse aux éléments suivants qui lui sont communs avec les langues sémitiques et indo-germaniques : *ch, f, i, j, k, l, m, n, o, p, s, t, tch, ts, v*. Les sons b, d, g, r, z, lui manquent complétement. Les voyelles simples ne sont pas encore en général distinctes ; ainsi *é eu o ou* sont presque toujours accompagnées d'une aspiration, l'*a* n'est pas dégagé des diphthongues. — L'état défectueux des alphabets est un signe certain d'antique formation et caractérise les époques : ainsi L et R ne sont pas encore distincts dans l'alphabet égyptien hiératique, ils le sont déjà dans l'alphabet égyptien démotique et dans l'alphabet sanscrit où cependant le *lrĭ* et le *lrī* sont des traces de la transition. L'arabe, l'hébreu, le grec, comme le sanscrit, ont des lettres doubles; l'espagnol, l'italien, l'anglais en ont moins; l'allemand et le français moins encore.

Dans le nouveau système que je propose, j'introduis : 1° le principe de l'élision ; 2° le signe sanscrit du mutisme; 3° les signes = ou ○ du *Kata-Kana* de *Kibi*, analogue au daguesch indiquant pour *p*, *g*, *l*, *s*, *t*, les valeurs occidentales B, G doux R, Z, D. Or l'usage de ces signes et le principe de l'élision devant les voyelles suffisent pour transformer en *alphabet* semblable à ceux de l'occident, un *syllabaire* que j'ai tiré de la masse des caractères chinois, en ayant grand soin de choisir les plus faciles à tracer et les plus cursifs, ainsi que l'ont fait les Japonais, quand ils ont emprunté aux Chinois leur syllabaire *Man-Yô-Kana*. Mais jamais je n'ai altéré la forme des caractères, afin de les abréger. Si l'on préférait à l'emploi des points diacritiques, l'emprunt à un alphabet étranger on pourrait recourir aux alphabets tibétains destinés à la transcription du sanscrit et transcrits eux-mêmes en lettres mandchoues établies par l'ordre de l'empereur *Kian loung*. Les lettres *Ba*, *ga*, *dha*, *ra*, *za* et la combinaison de *ga* et du *si* chinois représentant notre X, compléteraient la liste des consonnes. Quant à celle des voyelles, je proposerais de la compléter par un caractère de la clef *Keou* auquel plusieurs sinologues reconnaissent en chinois vulgaire la valeur de l'A; le caractère *hé* frappé du signe du mutisme remplacerait notre *e* muet.

Les Chinois n'auront, je l'espère, aucune répugnance à se servir d'un syllabaire tiré tout entier de leur écriture actuelle et composé sans altération des caractères les plus simples, les plus fréquemment employés ; tandis qu'ils n'accepteraient jamais un alphabet occidental, dont les figures bizarres à leurs yeux répugneraient à leurs habitudes graphiques non moins qu'à leur orgueil national. Ce syllabaire chinois remplit les conditions que j'ai indiquées dans mon *Traité de la simplification de l'étude des langues.*

1. Dans la transcription des noms sémitiques, il permet de ne *jamais remplacer un point voyelle par une lettre,* de conserver ainsi religieusement, comme le voulait Origènes, l'aspect de l'hiéroglyphe hébreu primitif, et d'obtenir la restauration exacte de la forme originale.

2. Dans la transcription du sanscrit et des autres langues de l'Inde, il conserve aussi sans altération l'orthographe étymologique si importante dans une langue sacerdotale; parce qu'il donne le moyen de ne jamais représenter par une lettre l'*a* bref que porte avec elle la voyelle sanscrite ou les signes secondaires, tels que l'anouswâra (• ou ○) et le wisarga (꞉).

Pour obtenir les mêmes résultats avec les alphabets occidentaux j'ai été obligé de recourir à divers procédés que je décrirai dans un ouvrage particulier. Cette question des transcriptions exactes est la base des études philologiques ; une fois qu'elle est résolue, le savant d'Europe ou d'Asie peut faire, en toute sécurité, les opérations les plus délicates de l'anatomie comparée des mots, sans avoir à étudier les figures innombrables et bizarres des alphabets étrangers.

L'usage du syllabaire et de l'alphabet chinois que je propose ici serait facilement répandu par les missionnaires et par les lettrés propagateurs des saintes écritures, ou même par les négociants, qu'il aiderait puissamment dans leurs transactions commerciales, puisque les noms des commerçants, ceux des villes, des marchandises de l'Europe, de l'Asie et de l'Amérique seraient toujours indiqués d'une manière correcte et se prêtant à une reproduction facile de la forme originale.

Les savants de l'Orient et de l'Occident y trouveraient un moyen commun de propager les sciences dans lesquelles les noms et les nomenclatures tiennent le premier rang.

Tous ces avantages seraient les conséquences de l'emploi d'un syllabaire uniforme ou d'un alphabet phonétique servant seulement à la transcription des noms propres ; mais on pourrait en espérer des résultats incalculables, si les Chinois, suivant la marche naturelle du développement des arts graphiques, consentaient à écrire phonétiquement tous les mots de leur langue. On croit que le nombre prodigieux des termes homophones rendrait cette entreprise impossible ; *je montrerai qu'il n'en est rien ; qu'il est facile au contraire de tourner ou de renverser cet obstacle.*

Ainsi le chinois deviendrait aisément accessible aux

hommes d'étude par la théorie de son écriture philosophique; tandis que, par l'introduction d'une écriture phonétique, il deviendrait accessible aux masses en suivant les méthodes vulgaires.

Par là serait à jamais brisée cette barrière plus forte que la grande muraille, et qui a si longtemps séparé de leurs frères d'Europe et d'Asie les 400 millions d'hommes qui suivent la civilisation chinoise.

Si quelqu'un trouve mon entreprise téméraire et prématurée, je répondrai que, pour servir les forces actives qui préparent l'ère nouvelle, il faut les devancer, il faut penser ce qu'elles n'ont pas encore pensé, il faut essayer ce qu'elles n'ont pas encore tenté.

Ainsi le pionnier du Fare-West, emporté par les grands fleuves dans les solitudes du Nouveau-Monde, cherche d'un œil ardent la terre fertile, il la trouve, il descend, la hache et la flamme à la main ; défricheur infatiguable, il prépare pour le soc des espaces immenses; puis il va plus loin, poursuivre son œuvre. Alors le chasseur indien rit en son cœur et se demande à quoi bon tant d'efforts? Mais, au lendemain, sur la trace du défricheur isolé, des familles et des nations arrivent, les champs se couvrent de moissons et de cités populeuses.

En écrivant en chinois l'instruction suivante, j'ai cédé au désir de répandre au plus tôt, dans l'extrême Orient, des vérités utiles, et de donner, en Europe, une preuve de l'efficacité des méthodes analytiques et comparatives qui permettent de traiter ainsi sans *dictionnaire français-chinois*, sans aucun des autres secours ordinaires des questions scientifiques et des idées nouvelles, pour lesquelles on manque souvent de mots dans les langues européennes. Quand même je n'aurais pas complétement réussi dans une première tentative de cette œuvre difficile, je n'en aurais pas moins démontré, par un fait, la possibilité de simplifier l'étude d'une langue que l'on considère comme la plus difficile de toutes les langues, surtout dans son système graphique. Je ne fais ici qu'indiquer la route, la simplification sera portée au plus haut degré par la publication prochaine des *racines chinoises*, par l'analyse des éléments des caractères et par l'exposé des moyens spéciaux qui permettent à chacun d'écrire instantanément en chinois.

Les traductions française et anglaise qu'on va lire sont approximatives; plusieurs caractères ne pourraient être rendus que par de longues périphrases, par exemple, *tan*, qui représente l'étude ardente excitée par la pensée d'avenir, et semblable au tigre qui, tout en dévorant la proie qu'il vient de saisir, en guette déjà une nouvelle, *dùm præsentem cibum mandit aliam meditatur*.

TRADUCTION DE L'INSTRUCTION CHINOISE QUI TERMINE CE MÉMOIRE.

Etude réciproque des peuples. Nouveau système de transcription.

Une grande nation ne peut rester isolée dans son repos, se soustraire au tumulte dans une paisible retraite. Le genre humain est un seul corps. Depuis l'antiquité la plus reculée jusqu'à nos jours, les saints hommes de l'Empire central ont dit : Il faut traiter autrui comme soi-même (et savoir pardonner) ; il faut répandre les bienfaits sans espoir de récompense.

Mettre en lumière le principe lumineux de la raison, régénérer les nations, aspirer sans cesse à la perfection infinie.

En Occident, Jésus a dit : Aimez votre prochain comme vous-mêmes, soyez parfaits comme votre Père céleste est parfait. Aujourd'hui, une voix du Ciel crie en tout lieu : Aimez-vous mes bien-aimés. Celui qui aime est né de Dieu et connaît Dieu, celui qui n'aime pas ne connaît pas Dieu, car Dieu est amour.

Tel est le glorieux mandat de la Providence divine, c'est pourquoi des régions extrêmes de l'Occident, du fond d'une petite ville de France, un obscur ami de l'étude appelle au progrès votre glorieuse patrie. C'est pourquoi j'ai consacré tout entiers mon cœur, mon âme, mes forces et ma pensée à frayer un passage en des lieux inexplorés, à créer des chemins à la charité universelle.

Pendant vingt ans, avec une pensée d'avenir, j'ai étudié les langues, j'ai comparé les glossaires des différents peuples, les linéaments des signes graphiques, les règles de l'art d'écrire, puis j'ai dit en moi-même : Comme sous le vêtement du barbare, sous la tunique de paille ou de laine des esclaves, sous la splendeur des robes impériales, il y a un même corps humain, et dans ce corps, quelle que soit sa couleur, il existe une âme intelligente et libre, une lumière du Dieu très-haut, une fille du Père tout-puissant. Ainsi, les langues innombrables, les idiomes barbares, les dialectes provinciaux, les patois, les styles littéraires, les langues générales et officielles revêtent toujours un même cœur humain, une même intelligence. Il y a donc une seule origine, une seule loi, une seule voix de l'éternelle Nature. La loi, comme toute grâce excellente, comme tout don parfait, vient d'en haut et descend du Père des lumières, en qui il n'exista jamais le moindre changement, l'ombre la plus légère. Donc, connaître la racine, c'est connaître les rameaux et la loi, c'est connaître la volonté divine, c'est acquérir le pouvoir de servir l'humanité.

Les livres saints nous ont transmis cette voie comme un legs précieux. Oui, cette parole est certaine et digne de toute confiance.

L'âme de l'homme n'est pas dépourvue de la faculté de savoir, et, sous le ciel, il n'est pas une chose qui n'ait sa loi.

Mais, jusqu'à présent, la loi n'a pas encore été assez étudiée, et par cela même nous la connaissons d'une manière incomplète. C'est pourquoi le premier précepte du Tahio (de l'éducation de l'homme) est celui-ci : En toute étude des choses d'ici-bas (1), appuyez-vous sur les connais-

(1) *Tsi Woe* ad investigandum res, *Woé*, n'est pas, comme le dit un traducteur, une expression fautive, inexacte du texte, elle désigne

sances acquises, augmentez-les, épuisez-les, efforcez-vous de parvenir au faîte. Le faîte est (dans) la puissance d'être utile (1). Etudiez ainsi longtemps. Un jour tout sera pénétré instantanément, l'externe et l'interne (l'attribut et la substance), l'esprit subtile et la matière grossière. En toutes ces puissances soumises au service de notre cœur et de notre âme, il ne restera plus d'ombre. C'est ce qu'on appelle la pénétration des choses, le faîte de la science. Oui, c'est le chemin de toute science; c'est aussi celui de la philologie. A son faîte, on obtient aussi de nombreuses applications pratiques, des auxiliaires puissants pour la Vérité, la Paix et la Charité; des arts nouveaux et des études utiles.

Là, d'un coup d'œil, l'esprit embrasse et pénètre parfaitement la loi et l'histoire généalogique de la parole et de l'écriture. Il les pénètre complétement, car la pensée est la forme subtile, le vêtement intérieur de l'âme, et la parole est le vêtement extérieur de la pensée, et l'écriture, la forme matérielle de la parole. L'homme s'élève ainsi jusqu'à la haute origine, il entend, il écrit ce lan-

les choses, et spécialement les substances matérielles qui sont dans le ciel, par opposition avec *sse*, les affaires, les actes, les phénomènes, et *li* les lois.

(1) *Tchy iu yong li*; *tchy*, le faîte; *iu*, est en; *li*, la puissance; *yong*, de l'utilité, de l'usage, de l'emploi. Cette maxime est très-vraie et conforme au génie utilitaire de Kongtseu et de son peuple, *tchy kieou*, hoc diu, de tout temps pourrait bien se rapporter à l'idée d'utilité. Le sens général est confirmé par le *ta yong* magno usui, qui se trouve à la fin de la phrase.

gage spontané et impérissable que les accents, les cinq tons et les caractères phonétiques ne peuvent indiquer, il explique les cordelettes nouées de la haute antiquité, les Koua de Fo-hi, les y-king mystérieux des anciens rois, il contemple les caractères primitifs et la longue chaine des caractères dérivés. Il distingue les vestiges de l'hiéroglyphe figuratif; il voit leur succéder les groupes symboliques, les signes composés et les lettres phonétiques. Il apprécie la valeur et l'insuffisance des six procédés graphiques pour pénétrer les attributs de l'intelligence divine, et pour classer par ordre les propriétés distinctes de tous les êtres. Alors la science du langage révèle les racines premières, et tous comprennent aussitôt les dérivés nombreux de chaque mot originel et de chaque signe primitif. Ainsi, en arithmétique, de 13 caractères sortent 100 trillions. La traduction fautive ne peut se produire. L'homme du peuple comprend les king (les livres sacrés de la Chine). L'étranger lit et parle plus facilement la langue de l'Empire central, il écrit en caractères chinois; le Japonais, le Coréen, toutes les nations de l'Asie orientale comprennent ce qu'il a écrit. Elles peuvent ainsi apprendre plus facilement le français, la langue des Anglais et des Américains, l'arabe, l'hébreu et les idiomes de l'Inde orientale. C'est le commencement de l'étude réciproque de l'éducation mutuelle des peuples, l'aurore de leur concours pacifique. N'est-ce pas une grande question, un noble projet?

Si le Tout-Puissant le permet, je montrerai les rameaux, les racines et la loi du langage. Aujourd'hui, je veux seulement vous présenter, comme un de ces présents de bienvenue, qu'on offre chez vous dans la première visite, un système complet de transcription. Pour écrire les noms étrangers, les caractères chinois sont insuffisants, la traduction chinoise mutile ou surcharge les noms de famille, les surnoms, les noms des lieux, il en résulte souvent de graves inconvénients dans l'étude de l'histoire, de la géographie physique et politique, dans les instructions philosophiques et religieuses, dans les transactions commerciales et même dans les affaires publiques. — Il y a certainement là un obstacle à l'étude réciproque des peuples. C'est pourquoi j'ai vivement désiré la solution de ces nombreuses difficultés, et j'ai tracé ces lignes sur la pierre. Voici une nouvelle règle pour écrire exactement et complétement en caractères chinois les noms étrangers. La forme des caractères est chinoise, mais elle est simple et cursive comme l'écriture occidentale.

Faites donc bon accueil à ce petit livre; corrigez, critiquez le style de l'étranger, mais accueillez l'idée utile, le projet inspiré par la charité, par la charité qui se réjouit de découvrir la vérité, qui ose tout croire, tout espérer, tout entreprendre, et ressemble au grand arbre dont la tige brisée fait encore sortir de ses flancs des rameaux vigoureux. Peut-être trouverai-je des hommes sages et habiles qui m'assisteront dans mon œuvre comme des compagnons de service.

Toute vérité nouvelle est, dans le vaste champ de ce monde, comme un germe confié à la terre, que l'homme repose ou qu'il veille, il ne peut rien, le germe se développe sans qu'on sache comment ; l'herbe sort de terre, puis l'épi et le froment doré auquel ne manqua jamais en sa maturité féconde la faucille du divin moissonneur.

Suivez le mouvement qui emporte le monde aujourd'hui, le feu donne des ailes au navire, l'éclair écrit et porte des messages.

Il ne faut pas que l'étude rampe sur la terre des fleurs. O frères aînés de la grande famille humaine, en votre langue, Vertu veut dire : progrès, élévation, progrès de la tête et du cœur. Ecoutez vos trois rois législateurs, vos saints hommes, agents providentiels de la terre et des cieux, tous disent : renouvelle-toi, améliore-toi aujourd'hui, renouvelle-toi demain, et encore et toujours ; fais que les peuples se régénèrent.

Que Dieu vous multiplie avec la charité, la science et la paix, l'indépendance et la liberté.

Nouveau système de transcription. Alphabet phonétique et syllabaire.

La parole est plus ancienne que l'écriture ; l'écriture hiéroglyphique est plus ancienne que l'écriture phonétique. Dans la haute antiquité, le caractère phonétique représente deux ou trois sons ; dans la moyenne antiquité, il en représente seulement un. L'écriture de l'Empire central est plus ancienne que celle des autres peuples, c'est pourquoi les caractères chinois ne peuvent pas suffire à la transcription des lettres étrangères. C'est la première difficulté. Cependant le Chinois sait aussi diviser, analyser et réunir les sons. Par exemple, dans le dictionnaire chinois, pour indiquer la prononciation du caractère *tchy* (eau courante), il y a sous ce caractère *tchy* les caractères *tcheou* (un des signes horaires) et *y* (entrer), et ensuite le caractère *tsie* (coupez), ce qui signifie qu'il faut partager les sons et dire *tchy* au lieu de *tcheou y*. Le son *éou* disparaît devant le son *y*. Dans l'écriture occidentale, il n'y a plus d'hiéroglyphe ; toutes les lettres sont phonétiques, elles ne peignent que la parole, chaque caractère ne représente qu'un son, et il est en général simple et facile à tracer.

La transcription chinoise et la facile lecture des langues occidentales rencontrent quatre grands obstacles :

1° Un caractère chinois indique une succession de deux ou trois sons ;

2° Dans les écritures occidentales plusieurs lettres ne représentent qu'un son ; il y a souvent des lettres qu'il ne faut pas prononcer.

3° Le chinois manque de plusieurs sons, tels que *b*, *d*, *r*, *z*, etc.

4° Dans les langues occidentales (en français, en anglais surtout), le même son est représenté par des lettres différentes.

Voici le tableau comparatif des écritures étrangères et chinoise et le moyen de vaincre ces quatre difficultés.

Suit le tableau comparatif des voyelles et des consonnes du français, du chinois, de l'arabe, de l'hébreu, du mandchou et du sanscrit. — La transcription des principales finales, points voyelles et nunnations sémitiques.

1. *Règle des signes du mutisme.*

Quand sous un caractère il y a le petit signe (sanscrit) ⁓ il indique le silence, ne prononcez donc aucune voyelle, ainsi dans *ou li* vous voyez ⁓ sous le caractère *li*, il ne faut pas prononcer *i*, c'est le son *oul*. Si le signe est redoublé ainsi ≈ il ne faut pas prononcer le caractère, c'est le signe du silence absolu.

2. *Règle d'assimilation.*

Des sons chinois *hi* (aspiré), *ji*, *ki*, *li*, *mi*, *ni*, *pi*, *si*, *chi*, *tchi*, *tsi*, retranchez ainsi la prononciation de l'*i*, c'est la valeur exacte des sons étrangers (français, arabes, hébreux, sanscrits et mandchous qui sont en regard).

3. *Règle. Introduction de valeurs nouvelles.*

Le signe o placé au-dessus d'un caractère chinois indique qu'il faut prononcer les caractères *pi*, *téou*, *ki*, *li*, *si*, *tchi* comme les lettres mandchoues *b*, *d*, *g*, *r*, *z*, *dj*. (Le *b* n'est pas usité dans l'alphabet ordinaire des mandchous, mais il se trouve dans la transcription mandchoue que Khien-long fit faire de l'alphabet sanscrit. C'est aussi un *p* modifié.)

4. Règle de transmutation et de combinaison.

S'il y a un petit caractère chinois au-dessus d'un plus grand, c'est le petit seulement qu'il faut prononcer (ainsi on parvient à représenter les lettres françaises, S ayant le son du Z, C doux Ç avec cédille, G doux, l'X français est représenté par la combinaison d'un caractère spécial formé du *k* et de l'*s*. Les signes d'ordre — = ≡ servent à distinguer les lettres différentes qui ont un même son, comme *i* et *y*, *c* dur *k* et *q* français, *kaph* et *koph* hébreux et *kef* arabe. Le *hi* chinois (faisant office de *wisarga*) désigne les lettres emphatiques de l'arabe et gutturales du sanscrit. Les mêmes moyens sont applicables à toutes les transcriptions.

Alphabet chinois phonétique, nouveau système d'accentuation.

On peut représenter avec 26 lettres et 5 accents les *1445* sons de la langue chinoise. Il existe en cette langue de nombreux homophones, un même son avec un même accent indique jusqu'à cent idées différentes, mais il est possible de les distinguer sans employer ses caractères difficiles et compliqués. Le Chinois peut écrire phonétiquement comme les autres nations, soit avec ces caractères chinois soit avec les lettres des alphabets étrangers.

Dans la nouvelle accentuation, la forme de l'accent rappelle son nom et indique le mouvement de la voix, elle est aussi d'une plus grande simplicité graphique et se rattache à l'emploi des moyens que je proposerai pour faciliter aux Chinois la lecture des langues étrangères et la distinction de leurs homophones phonétiquement écrits.

Un syllabaire permet de transcrire exactement et complétement, sans retranchement et sans addition de lettres, les noms sanscrits et hébreux.

Enfin, des exemples de transcription et de traduction chinoises reproduisent à la fois le sens et le son des noms bibliques.

Je reviendrai sur ces importantes questions. Ce mémoire est l'expression première de l'idée. Le temps et l'espace me manquent ici. L'ordre et l'arrangement des tables comparatives font comprendre ce que la traduction n'a pu indiquer. En les parcourant on verra combien de valeurs phonétiques nouvelles ont été successivement introduites par les Hindous, les Hébreux, les Persans, les Mandchous et les peuples de l'Afrique occidentale, et toujours par des moyens semblables à ceux que je propose, car ils ne sont pas l'invention ingénieuse et arbitraire d'un homme, mais l'application de la graphonomie comparée, le résultat de l'expérience des siècles.

A method for rectifying and completing all the ancient translations of the scriptures, or science of the symbolical proper names in the Bible.

The holy bible is the most important book given to mankind, the most often translated, the most widely spread throughout the globe; the book which Israelites, Christians, Musulmans, the two thirds of the World's population, proclaim an authentic revelation of the Almighty, and which sceptic science confesses useful to ancient history, and a precious and original picture of the primitive organisation of human society.

Respectable in the eyes of all creeds, the sacred volume is of absolute necessity to the reformed churches; it is the sole guide of man, Christ himself being his sole doctor and pastor.

The bible is the divine Word; it is the Light, the Truth, and the Life, so it is most needful that the image of the Verb should be transmitted luminous, entire and living: every obscure, incomplete or altered passage is a most serious danger, it is a door open to indifference or incredulity.

Therefore in England, in North America, in Germany, in France exist numerous associations having the exclusive object to promote the circulation of the Holy Scriptures throughout the World. The potent British and foreign bible Society, during fifty two years of its existence, has put into circulation more than thirty millions of copies in 180 languages or dialects; the general expenditure exceeds four millions sterling.

How wonderful! after so many secular efforts of the mind, after such numberless comments, after such prodigious expenses *there does not exist a single translation of the Bible sufficiently correct or complete.*

This apparently overbold assertion is demonstrable by indisputable fact.

In S. Hieronymi vulgata, in ΚΑΤΑ ΤΟΥΣ ΕΒΔΟΜΗΚΟΝΤΑ, in M. Luther's, in Sacy's, in all authorised or received versions, there is doubtless an approximate translation of the old Testament, but an important and considerable portion of the work, with regard to the transcription and signification of *the proper names and surnames,* both in a high degree symbolical, and therefore of great religious and philosophical moment, that portion is so deformed, so altered as not to be known again, and has never yet been translated.

In the present age, all names in french, in english, in other compounded languages are without extraneous and *intentional* significance. In latin there is scarcely any historical utility in investigating the alban, etruscan, sabine or greek origin of the aristocratic families in Rome; and the pompous names Fabius, Piso, Lentulus, Cœpio, Carbo, Scipio, Regulus are ridiculous in translation; bean, pea, lentil, onion, coal, staff, wren.

In the ancient semitic and indogermanic languages all names are significant; in this signification is to be found philosophical and useful explication of the celtic, brahmanic and scandinave mythologies.

But in the hebrew name there is for the christian a positive utility, God's own thought and word, a mystery of God.

Indeed in most occidental languages the chaldeohebrew names cannot be translated without periphrasis note or comment.

By the correct knowledge of the Verb, by the science of common *radicals*, the direct intelligence of the holy dialect ere long shall be communicable without any difficult and special study; and the bible shall be manifest, and its meaning open to the meditations of mankind, in every part of the world.

But in the mean time it is necessary, to correct the principal deficiencies of the ancient translations.

I°.

By a correct orthographical transcription, so as to allow the immediate restoration of the original text.

II°.

By a faithful or adequate reproduction of all biblic names, whenever that is possible, as in the semitic dialects and oft times in the chinese language.

DEMONSTRATION.

In the bible every name is prophetic, mysterious and historical.

In the hebrew alphabet, every character is an hieroglyph, a simple and running (hieratic) form of an exact but complicated image.

Every character includes altogether :

1. The phonetic or general value;

2. The historic or vulgar import;

3. The symbolical mysterious and most frequently prophetical signification.

Every word, every group of characters is an exact

picture, a figure of allegorical poesy or an excellent definition of a sacred truth, a profound dogma, a revelation of the Word, which is in God, which is God himself.

The constant tradition of hebrew and greek antiquity (Moses, Zohar, Plato's Cratylus, etc.) brings into evidence this important fact.

Origenes cum divinorum nominum orationumque virtutem considerasset, in libris contrà Celsum, inquit, in quibusdam sacris nominibus mirandam latere virtutem, ideoque hac ipsa non esse hebreâ linguâ in aliam transferenda, *sed in suis ipsis characteribus conservanda.*

Forte enim quemadmodùm in corpore certâ ratione composito, vita permanet, quo vel aliter composito, vel permutato non permanet; sic vitalem quandam putant divinis nominibus certo divinitùs modò compositis, inesse virtutem.

Hanc sapientiam Nominum divinorum scientiam Hebræi tanti fecerunt ut eam non modò scientiis omnibus, verum etiam legi scriptæ prætulerint.

Besides Origenes, numerous authorities in the bible leave no doubt on the subject.

In all holy authors, there is a careful and accurate revelation of most of the divine or human names used in the bible.

In *Beresith* the almighty creator solemnly confers to the five agents of the creation, five sacred names (c. I):

Adam as sovereign of the globe confers human names to « all the beasts of the earth and to all the fowls of the air » (9. c. II, 20), and this human name given by man is the very name, conformable to nature, conformable to the divine idea, it is the faithful echo of the supreme Verb of Jehova.

Man gave a name to Woman (c. III, v. 20).

And Adam called his wife's name Eve because she was the mother of all living.

The Mother gave a name to her child (9 c. IV, v. 1).

« And Adam knew Eve his wife who conceived and brought forth *Cain* and said : I have gotten a man through God (c IV, 1). »

But to *Seth* also was born a son; whom he called *Enos;* this man began to call upon the name of the Lord (c. IV, 26).

The names *Eva, Cain, Seth, Enos, Noe, Phaleg, Abraham, Sara, Isaac, Israel, Moses,* etc , have a special explication.

And (*Lamech*) called his name *Noah* saying; this same shall comfort us from the works and labours of our hands, on the Earth which the Lord hath cursed (4 c. V, 29).

And unto *Eber* were born two sons : the name of one was *Phaleg* because in his days was the earth divided; and his brother's name was *Jektan* (c. X, v. 25), etc.

After the alteration of the names the explanation becomes vain for want of the proper basis, and often in the chinese versions there is a contradiction between the character of the name and the characters of the explication.

For the adept, in 2° and in 10° chapters of the Beresith, every name is significant; there is a profound science, a deep theory of providential law, and philosophical history, a precious revelation of the divine government of mankind; but if ignorant of the hebrew hieroglyphic characters, there is for the reader but a vain series of strange names and incomprehensible or fantastical legend.

There is solemn truth in the Proverb : The glory of God is to hide the Word, and the glory of kings (angels or men), is to search out the Word (1).

כבד אלהים הסתר דבר מלכים חקר דבר

(prov. c. 25, v. 2).

The almighty is worshipped by such investigations. God himself grants to Moses the revelation of the divine meaning of the ineffable name Jehovah.

All the disciples of Christ in the Lord's prayer, call for the sanctification of the name of God : *Hallowed be thy name;* and surely the intelligence of the divine name is the first condition of its sanctification.

The first difficulty is in the deficiencies of most modern languages and in the vague or various signification of many words.

For אדם, איש, אנוש, גבר that is different signs of different and progressive states of the human being the there is but one translation, the word *Man*.

(1) The correct signification of דבר is *Word* or *Verb*. In the english bible, translated out of the original tongues and with the former translations diligently compared and revised by his Majesty's special command (Oxford, 1823), this passage is most incorrectly translated : It is the glory of God to conceal a thing but the honour of Kings is to search out a matter In M. Luther's translation we observe the same mistake : Es is Gottes Ehre, eine *Sache* verbergen; aber der Könige Ehre ist es, eine Sache erforschen. Instead of a translation he has given us a comment and a wrong one, when ever the translator can not penetrate the philosophic meaning of the oriental science, the safest plan for him is to translate word for word. Thus Hieronymus is more correct : *Gloria dei est celare Verbum, gloria regum investigare sermonem, and* Sanctis Pagninus : *gloria Dei celare Verbum, gloria regum scrutari Verbum.*

For אַרְצ, אי, אדמה, אֶרֶץ, ארק, תבל that is different pictures of successive states of the globe, they have but one word *Earth*. Many terms of primitive theology cannot be translated even by a long periphrasis : æternus Deus, ΕΓΩ ΤΟ Α ΚΑΙ ΤΟ Ω, Ο ΠΡΩΤΟΣ ΚΑΙ Ο ΕΣΧΑΤΟΣ, Η ΑΡΧΗ ΚΑΙ Ο ΤΕΛΟΣ, is not a sufficient translation for the sacred expression יהוה.

The transcription without any addition or retrenchment, so as to allow the immediate restoration of the original text is absolutely necessary.

The addition or the alteration of a single character disguises, transforms, turns in to burlesque the high value of all hieroglyphical groups; in the defective though antic transcriptions : *Jehova* and *Jesus*, all prophetical link between the primitive name *Jah* and the ineffable name *Jehovah*, and also with the holy name *Jesus;* and all the mystery of the identity of the Creator with the redemptor are without any indication.

But the hebrew anu hieroglyphic character of the word (Jesus) *Jesouah* represent at the same time *Jah* himself in the passion, the supreme intercessor, the living prayer, and the true, magnificent and merciful God, the victorious hands raised towards heaven, during the battle of Life.

Science can now demonstrate by facts what tradition could only affirm : every group of hebrew characters is hieroglyphic, it offers a picture, a poetical allegory, and an exact definition. Wherefore the sacred authors, though they spoke to a people who understood the meaning of every one of these names, used to explain them very often with the greatest care, so as to provide for the generations of all ages and of all countries.

When Moses or the prophets thus explain a name, there can scarcely be any contradiction in the european translation, between the term explained and the explanation, since the name is only a sound which does not express any idea; but in the chinese language, the circumstances are quite altered, and it may happen that a character *phonetically* employed would offer an image which is in flagrant contradiction with that of the explanation given below, and thus might bewilder the reader. For instance, the character *li* which signifies *trouble, pain, agitation,* could not figure in the translation of *Salomon's* name which signifies *pacific, peaceable, peaceful, happy in the peace.*

The chinese signs *Mo-si* have no connexion with their explanation : *I saved him from the waters.*

A careful study of the chinese and hebrew languages with regard to their respective signs and characters might be a proper way to avoid, in most cases, these discrepencies.

Because in the chinese language many words are to be found having exactly the same sound and the same signification as the hebrew words.

We may take advantage of this circumstance to give at the same time their transcription and their translation.

Thus, instead of translating *Jehovah* by three characters signifying : *father, concord, abundance of flowers;* there are many combinations that would come much nearer the true sense of the sacred name.

Instead of representing *Satan* by two characters the

one meaning : *to strike somebody with the back of the hand,* and the other *yet,* with no meaning at all ; there exists another combination describing him as the *rough obstacle, arch ennemy,* and this happens to be the identical definition of the same name in the chaldean and the arabic languages.

In the like manner it is possible also to translate exactly, Babel בבל by division, Adam אדם by chief, son of the earth, Salomon שלמה by pacifick, etc.

When this exact representation of the sound and meaning cannot be given at the same time, it is best to select for the chinese transcription such characters as may happen to be the plainest and most easily made out.

Translation of the Chinese instruction at the end of this memoir. Reciprocal study of the peoples.

A great nation cannot stay isolated in its repose, neither substract itself to the tumult in a pacific retreat. The mankind is but an only body. Since the remotest antiquity till our days, the holy men of the central empire have said we must treat others like ourselves, and to be able to forgive. We must spread benefits without expectation of any recompense, love all nations like members of the same family, maintain infinite perfection and supreme good as the constant end.

In Occident Jesus said : Thou shalt love thy neighbour as thyself. Be you therefore perfect, as also your heavenly Father is perfect. To day, from the four parts of the heavens, the divine voice cries : Dearly beloved, let us love one another, for charity is of God. And every one « that loveth is born of God and knoweth God.

He that loveth not, knoweth not God : for God is Love.»
Such is the heavenly mission.

Thus I a foreigner, an European, a solitary student, living obscure in a small french town, I strive with my whole heart, and with my whole mind to open new paths to the spirit of universal charity. For twenty years past I have been studying the various languages, signs, characters, and grammars; and I have said unto myself : as under the raiment of the barbarian, under the strawy or the woollen tunic of the slave, and under the splendid royal and imperial robe, there is but one human body, and in this body, be it white, yellow, red or black, there is a like human soul, a light of the almigthy God; so, there is, under the numberless languages, under the idioms of the uncivilized nations, under the provincial speech (*hian tan*), under the literary style (*Wên tchang*), under the general and official tongue (*Kouan hoa*), there is but the same identical human nature, the like thought, so there is but one root, but one law, but one voice of the eternal nature. The law, like all excellent grace, like all perfect gift, comes from above and from the father of the lights who never suffered the least change neither the lightest shadow. To know the root is to know the sprigs is to know the will of God, is to purchase the power to be useful for the mankind.

The holy books have transmitted us these means like a precious legacy. Yes, that word is certain and worthy of all confidence.

« The soul wihch resides in the heart of the man is not deprived of the faculty to know, » and under the heaven there is not anything without law. But till now the law has not been studied enough and wherefore we know it incompletely. Therefore the first precept of the *Ta hio* is this : In every study of the things of this world ground on the acquired knowledges, augment them, exhaust them, endeavour to attain the height of science. The height consists in the power to be useful. Study after this manner a long time, and one day every thing will be penetrated instantly, the external and the internal, the attribute and the substance, the subtle spirit and the coarse matter. In every essence submitted to the service of our heart, of our mind, any shade remains, it is that what they called the penetration of the things, the height of the science. Yes, it is the way, the method of every science, it is also the method of the philology.

To its summit numerous pratical applications, powerful auxiliaries, new-arts und useful studies are also obtained for truth, peace and charity.

There at one view the wit embraces, and penetrates perfectly the law and the genealogical story of the word and of the writing, it penetrates them completely because the thought is the subtile form, the internal vestment of the soul, and the word is the external vestment of the thought, and the writing the material form of the word. Thus the man raises up till the high origin, he hears, he writes the spontaneous and unperishable language which cannot be indicated by the interjections, the accents, the five tones and the ideophonetical characters. He explains the nowed small cords of the high antiquity the *Koua* of *Fo-hi*, the mysterious *y King* of the ancient Kings, he contemplates the primitive character and the long chain of the derivatives, he distinguishes the vestiges of the figurative hieroglyph. He sees to come after the symbolical groups the inverted, the indicative, the compounded signs and the letters. He prizes the strength and the insufficiency of the every character to penetrate the attributes of the divine Intelligence and to class by species the distinct properties of all beings. Then the science of the language reveals the first roots and every one understands immediately the numerous derivatives of every word, of every primitive sign; as in the arithmetic thirteen characters product hundred trillions. The faulty traduction cannot be produced. The man of the people understands the *King*, the foreigner reads and speaks more easily the language of the central empire; he writes in chinese characters, and the chinese man, the Japonese man, the Corean man, every nation of the oriental Asia can read what he has written and can likewise to learn more easily the french tongue, the language of the english and american man, the arabic, the hebrew, and the idioms of the oriental India. It is the beginning of the reciprocal study of the peoples, it is the aurore of their pacifical concourse. Is it not a great question? a worthy project? If the Almighty gives me time, I will show the sprigs, the roots and the law. To day, I vill only present you as a gift of welcome a regular system of transcription; to write the foreign names, the chinese characters are insufficient. The chinese traduction mutilates, overcharges the family names, surnames, and names of land, of place, it results of that serious inconvenients in the study of the story, of the physical and political geography, in the philosophical and religious instructions, in the commercial transactions, and even in the public affairs. It is an obstacle to the reciprocal study of the peoples. Wherefore I have wished ardently for the solution of these numerous difficulties, and I have engraved these lines on the stone.

Therefore do you welcome at this little book, correct its style, receive well the useful idea, the project inspired by charity. And charity is glad to discover the thruth, it dares to believe to hope and to tempt every thing for the men's happiness. She is like a tree the trunk of which is broken, and the sides of which shootforth too boughs. Perhaps I will find wise and able men for companions of service.

Every new truth is, in the vast world a seed fallen on the ground, and let a man sleep, or either rise, night and day the seed schall spring, and grow up for the earth of itself bringeth forth fruit, first the blade, then the hear, afterwards the full corn in the ear. And when te fruit is brought, forth immediately he putteth in the sickle, because the harvest is come.

Follow the motion which carries away the world to day;

Fire gives wings to the steamship, the fire of the lightning writes and bears messages, study must not crawl painfully along the flowery land.

O eldest Brothers of the great family, in Your language *Virtue* signifies elevation, ascension, progress of the head and of the heart, hear Your three kings legislators, Your holymen providential agents of the earth and of the heavens, all are saying : renew thee, improve thee to day, renew thee to morrow, and yet and always make the peoples to be regenerated.

From almigthy God, charity be with You, science and peace independence, and liberty.

The word is older than the scripture; the hieroglyphic is older than the phonic scripture. In the former ages, the phonic character expresses two or three tones, in the middle antiquity only one. The scripture of the central empire is older than these of the other peoples; therefore the Chinese characters are not sufficient for the transcription of foreign letters. It is the first difficulty. Nevertheless the chinese knows too how to divide, to analyze and to join again the tones. As for instance, in the chinese dictionary, in order to appoint the pronunciation of the character *tchy* (running water) they are under the character *tchy* the characters *tcheou* (one of the horals signs) and *y* (to enter) and afterwards the character *tsie* (to cut); the meaning of that is, that it is necessary to divide the tones and to speak *tchy* instead of *tcheou y*. The tone *eou* vanishes before the tone *y*. In the occidental scripture there are not hieroglyphs; all the letters are phonic. They paint but only the word every character represents but one sound and it is generally simple and easy to trace.

The chinese transcription and the easy reading of the occidental languages find four great obstacles.

1° A chinese character indicates often a succession of two or three sounds.

2° In the occidental writings, there are often letters which do not must prononce.

3° The same sound is expressed by different letters.

4° The chinese is in want of several sounds as *b*, *d*, *r*, *z*, etc. there is the comparative table of the stranger and chinese writings and the means to surmount these difficulties.

After the comparative table of the vowels and consonants of the french chinese, arabic, hebrew, mandchou, sauscrit the transcription of the principal final syllables and of the semitic nunnations.

1. *Rule of the signs of the silence.*

When under a character there is the small sanscrit, sign —, it indicates silence, then do not pronounce any vowel, as in *ou li* you see — under the character *li*, we not must pronounce *i*. It is the sound *oul*. If the sign is redoubled so ═ we do not must pronounce the character. It is the sign of an absolute silence.

2. *Rule of the assimilation.*

From the chinese sounds *hi*, *ji*, *ki*, *li*, *mi*, *ni*, *pi*, *si*, *chi*, *thi*, retrench the pronunciation I; it is the exact value of the foreign sounds.

3. *Rule introduction of the new values.*

The signe o placed upon a chinese character indicates that we must pronounce the character *pi*, *tcou*, *ki*, *li*, *si*, *tchi* as the mandchou letters *b*, *d*, *g*, *r*, *z*, *dj*. (The *b* is not in the ordinary alphabet of the Manchous, but there is in the mandchou transcription of the Emperor Kien-loung for the sanscrit scriptures.)

4 Rule of the transmutation.

If there is a small chinese character upon a greater character, it is only the small which must be pronounced. Thas we arrive to represent the french letters **Y**, **S** having the sound of the **Z**, the soft **C** and **Ç** with cedilla, the soft **G**. The french **X** is represented by the combination of the special character formed with *k* and *s*. The signes — = distinguish different letters of the same sound, as the french *c*, *k*, *q*. Te chinese *hi* placed upon a character is a *Wisarga*, and indicates the emphatic and guttural sounds of the sanscrit and arabic languages. The same means are applicable at all the transcriptions.

Chinese phonic alphabet and new accentuation.

It express with 26 letters and 5 new accents the 1445 sounds of the chinese language. I will give a method for distinguish the numerous homophonic chinese words without hieroglyphic characters. The chinese man can write the words of own language with the phonic scripture, like all the other peoples of the world, and with the phonic letters of the western countries.

With a table of chinese characters and principal syllables it is possible to transcribe exactly and completely the sanscrit and hebrew words, without taking away or adding any letters.

Finally some exemples of chinese transcription and translation express altogether the sense and the sound of the biblical words.

Ywill take again these important questions, that memoir is the first exposition of the idea. Hire time and space want.

The chinese text of this instruction is placed at end of this volume.

(*Extrait des Mémoires de l'Académie de Stanislas.*)

Nancy, imprimerie de veuve Raybois et Comp.

www.ingramcontent.com/pod-product-compliance
Ingram Content Group UK Ltd.
Pitfield, Milton Keynes, MK11 3LW, UK
UKHW031930260826
14628UKWH00004B/1536

9 782016 174975

曙子

PROPAGATION des SCIENCES EUROPÉENNES dans l'extrême Orient.

Étude reciproque des peuples

字法

(*Système graphique*)

Transcription

ALPHABET CHINOIS PHONÉTIQUE

par

Mr Ferdinand SCHÜTZ.

咸豐丙辰年

曟西

NANCY,

Grimblot & Vve Raybois Imprimeurs Libraires

Place Stanislas, 7 & rue St Dizier, 123

1856-7.

LITH L CHRISTOPHE NANCY

民相學。

大民不能佚。臺生一身。在中國話曰當恕、見人之得如己之得。恩不求報。親民。止於至善。在西耶穌曰當愛人如己。爾當純全若爾天父焉。天聲普揚、凡我良

朋、宜相愛、有愛心、則上帝賜之、能愛人者、爲上帝子而識上帝、於此可見矣。上帝仁愛、不愛人者、則不識上帝。這天明命。故此在西洋、法蘭西縣裡、一士誘而

譔貴處。盡心、盡性、盡力、盡意我蹊、我造仁道。二十年間我耽衆話、我比萬字彙、畫文法。亦自曰如夷衣裏有人身、裋褐裏有人身、衮兖下有人身、在人身五色

有同一靈魂、上帝之明、全能父之子、無數的話外話、鄉談、文章官話宙々同一心、同一理。且有一本、永性之一話。理而善施大賚均自上出由昭明父而降、彼

毫釐不爽、晷刻不移。且知本是知末理、視天旨而以恩爲能。聖經遺這道。此可信可嘉之言。人心之靈。莫不有知、而天下之物。莫不有理。惟於理有未窮。故其

知有不盡也。是以大學始教。必使學者。卽凡天下之物。莫不因其已知之理。而益窮之。以求至乎其極。至於用力之久。而一旦豁然貫通焉。則衆物之表裏精

粗無不到。而吾心之全體大用。無不明矣。此謂物格。此謂知之至也。此衆知道。言之知道。於其至有大用。以眞平、仁有助、新巧、益學。人一旦貫通話之理而誰。

貫通精。靈之裏是想、想之
表是言、言之粗是書。迨上
元、閒性來話、寫之、而嘆語
辭、諧聲、五聲不克指之。解
古結繩、計包犧卦、前王沓
冥之易經。解文、抽字大綱

視象形後假借、會意、諧聲。
达六書之力而欠以通神
明之德、以類萬物之情。話
之知況詞元本。衆人卽識
而記每言之、每文之萬末。
如在覽法自十三字出載。

錯譯來不得。民念經。外人
念中國話寫漢字。倭、高麗
並東亞西亞念之。亦通聞
法蘭西英吉利國花旗話
大西洋而小西洋話、亞喇
伯、希百來話。民相學協助。

大倉

大哉問、妙哉旨。若上帝旨賜我生命、我將指示本埋。今我單贅字之貨賈。漢字以寫外訓爲不能。漢譯或列或加牧、虬而里之名子。此虧史、萬國圖、教、篔易亦

公事、凡民之相巡。我恨不得脫千里而石上我刊了這書、有了新字法以正寫外訓。字爲漢而易如西字。且不要擋之。可責外文而迎盆旨。仁旨。仁喜眞理、進

信善、望人之美、忍不。天下
或是有偕僚。新員於世種
於地。夜寐夙興種發且長
不知其所以然蓋地本生
物、始而苗、繼而穗、後而成
穀、既熟用鐮穫時至。世遷

目下火萷舟羽、天火寫詔。不可在中華仍爬。大家爾兄阿德是升、是心彳。間三皇凡聖人天地使宙曰苟日新、日日新、又日新、作新民。上帝賜爾仁、智、平、自用。

字法。言比書古。象形比形聲古。在上古一文指二或三訓。後每字單指一訓。中國書比外書古。故漢書不克寫外書之聲音。此大難。中國人也切而勾字聲音。

在漢字彙以指湁之聲音、湁下有丑而入而切、三字以指可切凡訓、可念如若有字混。訓入面前訓吽死。在西書不有象形並書單畫。一字指一訓。畫其易。

四碍攩漢字指西訓而中國人易念西書。一漢字兼指二或三訓、屢多西字指一訓或無別訓。一字指異訓。以西訓凡漢字欠。有了字圖而比、以脫四碍新法。

Tableau comparatif des sons chinois et étrangers

plus simples que

亞 也

ia ié

que représentent a et e dans les transcriptions

J'ai suivi dans ce tableau l'orthographe française, l'aspiration est indiquée par '

1re Règle des signes du mutisme.

字下小字ヘ指默不可
說訓吓、黑、乙、阿、午、可單說
第一訓。如此在午力ヘ不要
說乙是 oul。字下ヘヘ指全默。

Suite du tableau.

'an 吭 (//)
'ane 厂 ان
'en 亨
'ene 佷 هن
in 英
ine 夊 بين (//)
'on 叿 (69)
ienne 广
ion 用
'uane 訓
ouan 亡
ouane 丸

2e Règle d'assimilation

Mandchou.	Sanscrit.	Hébreu.	Arabe.	Français.	Chinois.	
ᡥ	ह्	ח	ح	H.h	匸	在
		ז	ژ	J.j	入	漢
ᡴ	क्	כ	ك	C.c dur	几	字
ᠯ	ल्	ל	ل	L.l	力	可
ᠮ	म्	מ	م	M.m	一	勾
ᠨ	न्	נ	ن	N.n	尼	訓
ᡦ	प्	פ	پ	P.p	匕	乙
ᠰ	स्	שׂ	س	S.s	夕	是
ᡧ	ष्	שׁ	ش	CH SCH SH	十	外
ᠴ	च्		چ	TCH	亻	聲
ᡮ			ث	T.S	七	音

Suite du Tableau

Sanscrit.	Mandchou.	Hébreu.	Arabe.	Français	Chinois
ङ	ᡢ			N Gng	厄
व	ᠸ	ו	ڥ	W.w.V.v	勿 毋
	ᡶ	פ	ف	F.f	阝
त	ᡨ	ת	ت	T.t	

3e. Introduction de valeurs nouvelles.

Sanscrit.	Hébreu.	Arabe.	Français	Chinois	Mandchou.
ब	ב	ب	B.b		ᠪ
द	ד	د	D.d		ᡩ
ग	ג	گ	G.g	几	ᡤ
र	ר	ر	R.r	力	ᡵ
	ז	ز	Z.z		ᡷ
ज		ج	DJ		ᠵ

漢字上有說如滿州

4e. Règle de transformation et de combinaison

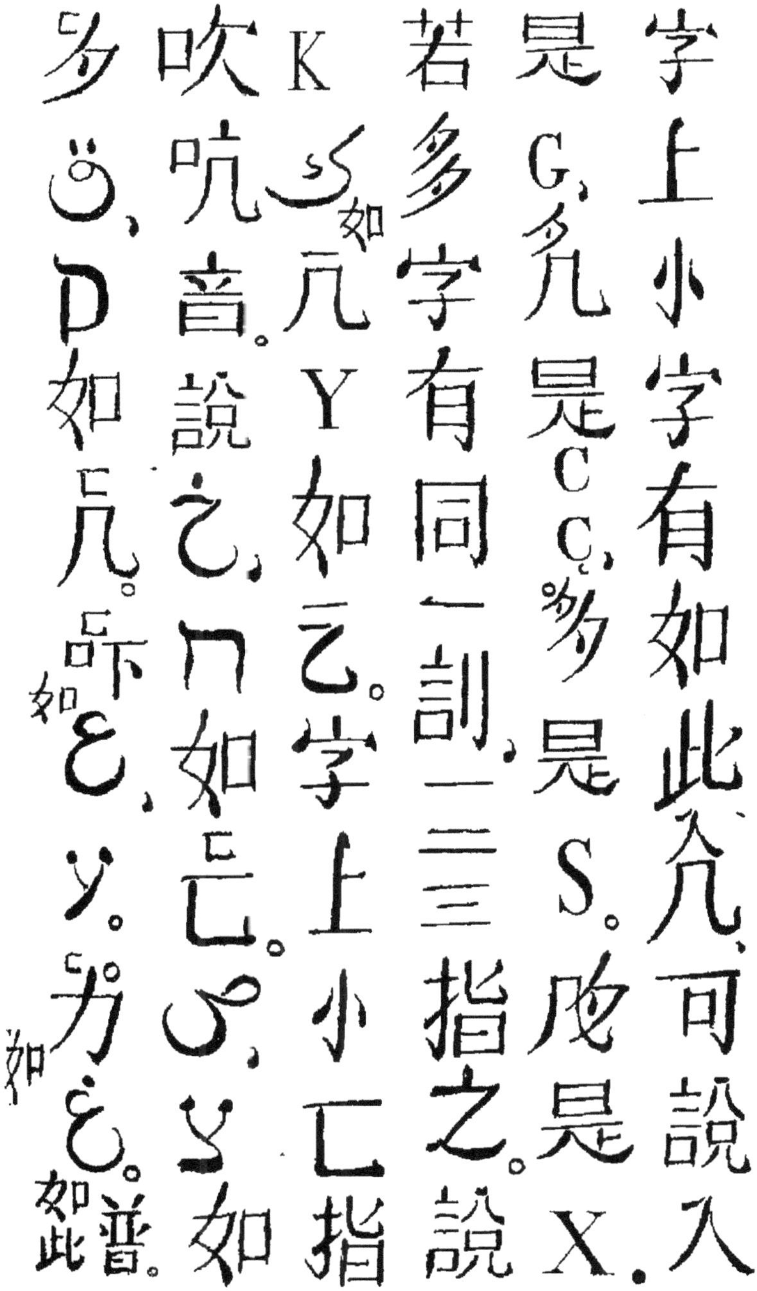

Alphabet chinois phonétique.

可以二十六字指各各漢訓。

千四百四十五訓

ch 十	tch 彳	'an 吭
f 阝	ts 七	ane 厂
h 乚	a 吓	in 孕
j 入	'e 勎	me 爻
k 几	i 乙	on 叮
l 力	'o 火	'aine 佷
m 宀	u 吁	'une 訓
n 乃	ou 午	
ng 厄	w 勿	
t 上	v 毋	

Nouvelle accentuation.

Chang-pûng 上平 *égal et clair.* → *pénétrant et soutenu.*

Hia pûng, égal et obscur. 下平 *Emoussé et soutenu.*

Chàng ching. 上 *haut en commençant bas en finissant. descendant.*

Kiu ching. 去 *bas en commencement Haut en finissement. montant.*

Jg ching 入 *bref et rentrant.* ↄ

On y peut ajouter l'aspiration bien léger ◡ 淺 *Chin profond* V 深

有聲之新字

Chaque nouvel accent indique aux yeux le mouvement de la voix.

Exemple de simplification

Forme ancienne — *Forme nouvelle*

書 Chōu

鼫 Chĭ

摻 Chāne

神 Chîne

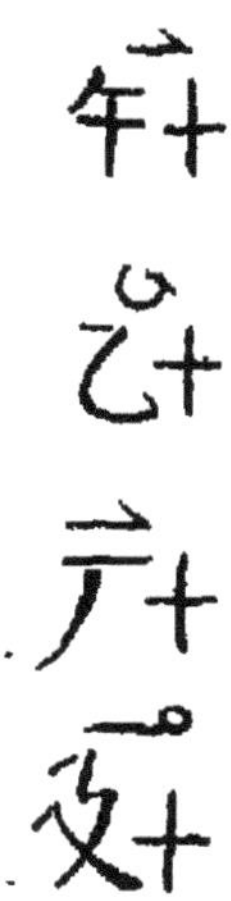

Exemple de transcription littérale permettant la restauration complète du texte.

FRANC

ROMA

PARIS

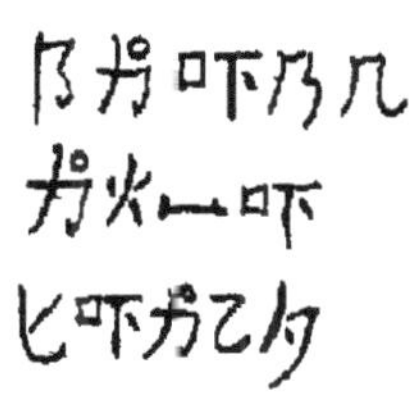

Transcription syllabique.

PARIS

ITALIE

ÀRBI

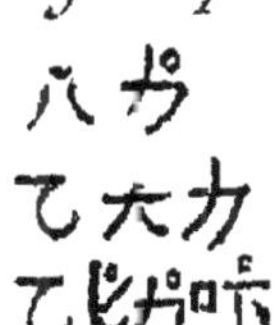

عربي

以指每言之多意而不寫多難学我將訓法。

Transcription lettre pour lettre à l'aide du syllabaire chinois

Hébreu	פֻּ	פָּ	פֵּ	פֶּ	פַּ
Chinois	卜	癹	匕	白	八
	pou	po	pe	pé	pa
Sanscrit	कु	य	प	त	च
	Kou	Ya	pa	ta	tcha
Chinois	古	丫	八	大	乍

Traduction simultanée des sons et du sens des noms

Jéhova	Jésouah	Chéitan	Scholomo
יְהוָה	יֵשׁוּעַ	שָׂטָן	שְׁלֹמֹה
		شيطان	σολομων
一 i unique, 1er	一 i unique	蛇 ché Serpent dangereux	淑 Cho pacifique
焃 é parfait	焃 é parfait	一 i premier	愧 lo tranquille
活 o vivant	穌 Sou résurrecteur	談 tan adversaire	睦 mo aimant
發 fa Créateur	吓 ah		
Jéhova.	Jésus	Satan.	Salomon

D'autres combinaisons reproduisent avec le même sens la prononciation vulgaire.

Erratum. *Dans quelques exemplaires, lisez* 言盆 *pour* 中乚 *p 11*